Bibliografische Information der Deutschen Nationalbibliothek:

Die Deutsche Bibliothek verzeichnet diese Publikation in der Deutschen National-
bibliografie; detaillierte bibliografische Daten sind im Internet über http://dnb.d-
nb.de/ abrufbar.

Impressum:

Copyright © 2016 GRIN Verlag, Open Publishing GmbH
Druck und Bindung: Books on Demand GmbH, Norderstedt Germany
ISBN: 978-3-656-17565-0

Dieses Buch bei GRIN:

http://www.grin.com/de/e-book/192599/ruth-leuwerik-die-koenigin-des-melodramas

Ernst Probst

Ruth Leuwerik. Die "Königin des Melodramas"

GRIN Verlag

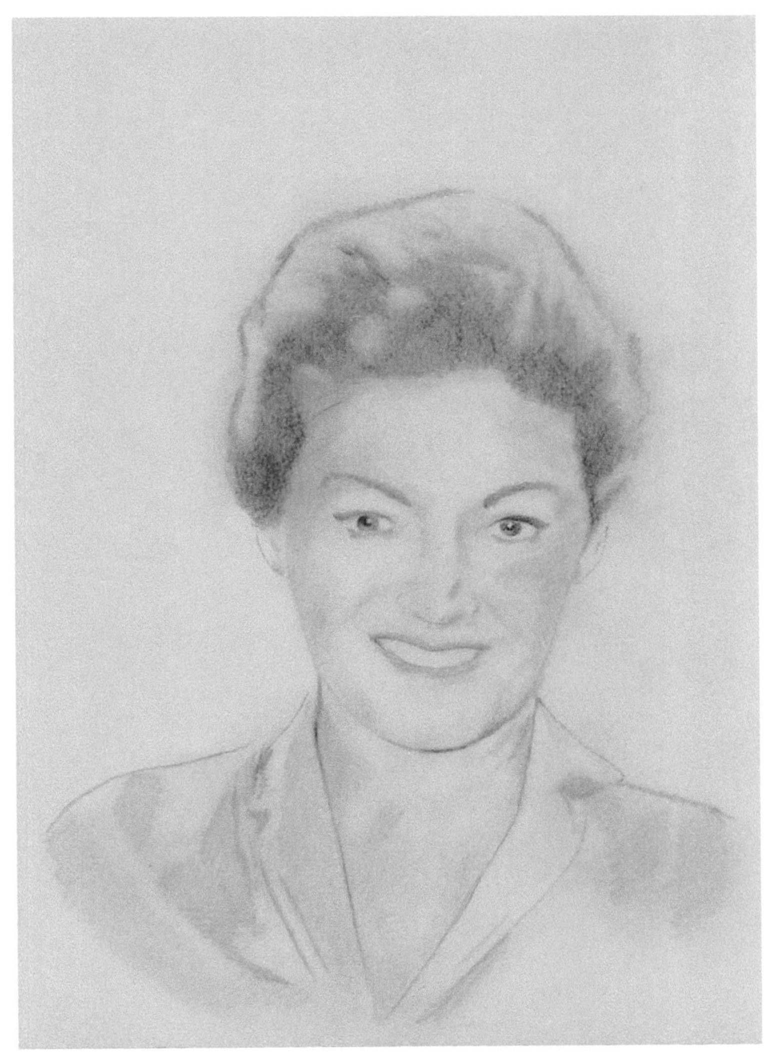

Ruth Leuwerik,
Zeichnung von Marc Heiko Ulrich, Kunstzeichner.de

Ernst Probst

Ruth Leuwerik

Die „Königin
des Melodramas"

Beate Werner,
Bernd Werner,
Marianne Werner,
Otto Werner,
Sonja Werner,
Dr. Jochen Werner,
Christine Werner und
Steffen Werner
gewidmet

Ruth Leuwerik

Die „Königin des Melodramas"

Als Star des deutschen Nachkriegsfilms und „Königin des Melodramas" gilt die Schauspielerin Ruth Leuwerik (1924–2016), geborene Leeuwerik. Ihre größten Erfolge auf der Kinoleinwand feierte sie während der 1950-er Jahre, in denen sie mehrfach mit Dieter Borsche (1909–1982) oder mit O. W. Fischer als „Traumpaar" auftrat. Fünf „Bambis" der Zeitschrift „Hörzu" und viele andere Auszeichnungen zeugten von der Beliebtheit und dem schauspielerischen Können der 1,77 Meter großen Künstlerin.

Ruth Leeuwerik wurde am 23. April 1924 als einziges Kind des Kaufmanns Julius Martin Leeuwerik und seiner Ehefrau Luise, geborene Sokolowski, in Essen geboren. Leeuwerik ist das niederländische Wort für Lerche. Die Großeltern väterlicherseits stammten aus den Niederlanden, die Großeltern mütterlicherseits aus West- und Ostpreußen. Früher wurden auch 1923 oder 1926 als Geburtsjahr angegeben. In der Filmdatenbank „Internet Movie Database" („IMDb") findet man die Schreibweise „Leeuverik" ihres Geburtsnamens.

Ihr erster Kinobesuch im Alter von vermutlich vier Jahren zusammen mit ihrer Mutter verlief für Ruth sehr ungewöhnlich. Damals wurde in dem kleinen Kino

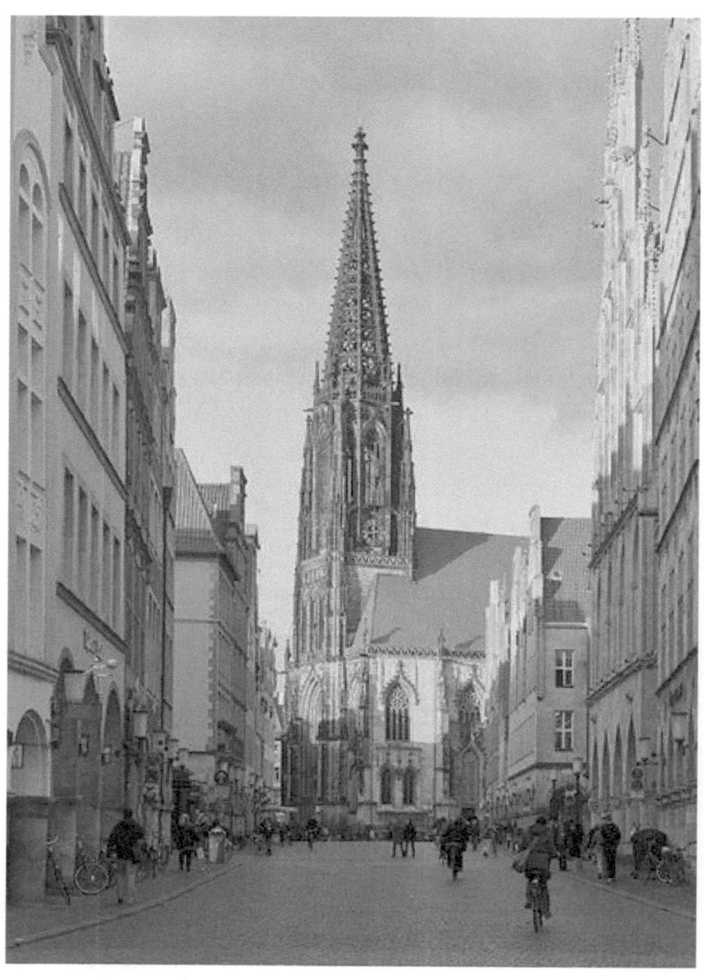

Münster in Westfalen

„Glückauf" in Essen vor dem Hauptfilm ein amerikanischer Vorfilm gezeigt, in dem ein Mann ständig unter der Tücke des Objekts litt. Alle anderen Kinder lachten sich fast tot, nur der kleinen und scheuen Ruth tat der ungeschickte Mann leid und sie schrie, die Kinder sollten nicht so lachen. Weil sie sich nicht beruhigte, mussten Mutter und Tochter das Kino verlassen.
In ihrer frühen Kindheit waren Kinobesuche im „Glückauf" für Ruth immer etwas ganz Besonderes. Das Eintrittsgeld für dieses große Vergnügen betrug damals 20 Pfennig. Weil bei ihren Eltern das Geld knapp war, konnte diese bescheidene Summe nicht leicht aufgebracht werden. Im schulpflichtigen Alter besuchte Ruth ein Lyceum in Essen.
Der Vater arbeitete in Essen als Kaufmann und hatte eine Vertretung für Büromaschinen. 1938 zog Julius Martin Leeuwerick mit seiner Frau Luise und seiner Tochter Ruth nach Münster in Westfalen, wo er eine Firma übernahm. In Münster gefiel es Ruth sehr gut. Dort ging sie auch gern in ein Lyzeum.
Im Teenager-Alter äußerte Ruth den Wunsch, sie wolle Schauspielerin werden. Ihre Eltern reagierten darauf „sehr vernünftig", wie sie später sagte. Vater und Mutter hatten nichts gegen den Schauspielerberuf an sich, sondern lediglich die Sorge, ob dieser für ihre Tochter das Richtige sei. Sie habe doch gar keine Ellbogen, wie wolle sie in diesem Beruf vorwärts kommen? So fragten sie.

Es traf sich gut, dass die Eltern einen erfolgreichen Schauspieler in Münster kannten. Die Mutter kam auf die Idee, dieser Schauspieler solle Ruth einmal prüfen, ob ihr Wunsch überhaupt Sinn habe. Ruth unterzog sich diesem Test und der Künstler äußerte sich wohlwollend über sie. Daraufhin meinten ihre Eltern, wenn Ruth tatsächlich den Schauspielerberuf ergreifen wolle, dann solle sie dies unter der Voraussetzung tun, dass sie später in eine bürgerliche Existenz zurückkehren könne.

Den Wunsch ihres Vaters befolgend besuchte Ruth 1941/1942 ein Jahre lang eine Höhere Handelsschule in Münster. Danach arbeitete sie ein Jahr lang als Stenotypistin beim Verkehrsverein in Münster.

Zweimal bemühte sich Ruth um die Aufnahme in eine Schauspielschule. Doch jedesmal fiel sie durch. Die Prüfungskommission für Filmnachwuchs befand über sie, sie habe keine Stimme, zu wenig Ausdruck und zuviel Hemmungen für den Schauspielerberuf. Außerdem sei sie zu klein und zu mager für die Rolle einer jugendlichen Liebhaberin.

Weil sie in keine Schauspielschule aufgenommen wurde, nahm Ruth privaten Schauspielunterricht beim Schauspieler Heinz Ladiges in Münster. Bald zeigte sich, dass sie doch Talent für die Schauspielerei hatte. 1942 legte sie vor der Reichstheaterkammer in Karlsruhe erfolgreich ihre Abschlussprüfung ab.

In der Spielzeit 1942/1943 trat Ruth Leeuwerik mit der Wanderbühne des „Westfälischen Landestheaters

Paderborn" in Städten und Dörfern des Ruhrgebiets und im Sauerland auf. 1942 sah man sie als Prinzessin Charlotte in „Das blinde Herz" und als Eve in „Der zerbrochene Krug". 1943 wirkte sie als Artistin Elisabeth in „Die große Nummer", als Paula Schulze in „Der blaue Heinrich", als Klärchen in „Zwischen Stuttgart und München" und als Frieda in „Meine Nichte – Deine Nichte" mit.

1944 bekam Ruth Leeuwerik ein Engagement an den „Städtischen Bühnen Münster". In der Spielzeit 1943/1944 sah man sie als Edeltraud in „Spuren im Schnee", als Helga in „Geographie und Liebe", als Delfine in „Das Konzert", als Marie in „Die Freier", als Ingeborg in „Ingeborg", als Paula in „Der Raub der Sabinerinnen" und als Biggy Voss in „Mit meinen Augen".

Gegen Ende des Zweiten Weltkrieges (1939–1945) wurden in Deutschland die Theater geschlossen. Nach der Schließung der „Städtischen Bühnen Münster" im Sommer 1944 hat man Ruth Leeuwerik als Fräserin in einer Rüstungsfabrik im Sauerland dienstverpflichtet. Sie stand nun nicht mehr auf der Bühne, sondern musste Stäbe fräsen. Damals wohnte Ruth bei einer Tante mütterlicherseits im Sauerland, wo sie auch das Kriegsende erlebte.

Dank ihrer Englischkenntnisse bekam Ruth Leeuwerik nach dem Krieg eine Stelle als Schreibkraft bei der englischen Militärregierung. Eines Tages machten in Deutschland die Theater wieder auf. An den „Städti-

schen Bühnen Münster" spielte man damals behelfs-
mäßig im Foyer, weil das eigentliche Theater nicht mehr
existierte.

Der Intendant in Münster/Westfalen versuchte erfolg-
los, Ruth Leeuwerik für sein Theater zu engagieren.
Doch deren damaliger Arbeitgeber gab ihm die Antwort,
Ruth sei inzwischen als Stenotypistin eine gute Kraft
geworden, auf die man im Augenblick nicht verzichten
wolle. Für Ruth brach eine Welt zusammen, die Theater
machten wieder auf, aber sie war nicht dabei. Die Tränen
liefen ihr in Strömen über die Wangen und sie bot einen
bedauernswerten Anblick. Daraufhin schickte man sie
nach Hause, wo sie sich wieder zurecht machen sollte,
weil man sie gar nicht mehr anschauen konnte. Weil sie
keine Kosmetika besaß, sah sie nach der Rückkehr an
ihren Arbeitsplatz unverändert elend aus. Drei Tage
später konnte ihr englischer Arbeitgeber diesen mit-
leiderregenden Anblick nicht mehr ertragen. Man sagte
zu ihr, sie solle gehen.

Ruth Leeuwerik kehrte im Oktober 1945 kehrte an die
„Städtischen Bühnen Münster" zurück. Am 24.
November 1945 war in Münster die Premiere des
„Stückes „Was ihr wollt" von William Shakespeare unter
Regie von Eugen Wallrath. Darin hatte Ruth die Rolle
der Maria. Weitere Auftritte in der Spielzeit 1945/1946
in Münster folgten als Sabine in „Der Mann mit den
grauen Schläfen", als Abigall in „Das Glas Wasser", als
Gretchen in „Urfaust" und als Marianne in „Quartett".

Auch in der Spielzeit 1946/1947 konnte man Ruth Leeuwerik bei den „Städtischen Bühnen Münster" bewundern. In „Ein Sommernachtstraum" von Shakespeare spielte sie die Titania. Die Premiere fand im Sommer 1946 als Freilichtaufführung im Schlossgarten Münster statt. Als Eurydike sah man Ruth im gleichnamigen Stück von Jean Anouilh (1910–1987), das im Dezember 1946 Premiere hatte. In „Nathan der Weise" stellte sie die Recha dar, in „Das Abgründige in Herrn Gerstenberg" das Lieschen Meiners und in „Jedermann" die „Guten Werke".

In der Spielzeit 1947/1948 gehörte Ruth Leeuwerik dem Ensemble der „Bremer Kammerspiele" an. Sie spielte folgende Rollen: die Ljudmilja in „Ein Strich geht durchs Zimmer", das Affenkind „Muschi" in „Robinsons Abenteuer", ein junges Mädchen in „Die Stadt ist voller Geheimnisse", die Philine in „Philine", die Emely Webb in „Eine kleine Stadt" und die Colombina in „Der Lügner". Bei den „Bremer Kammerspielen" lernte sie den Schauspieler Herbert Fleischmann kennen, der in ihrem Leben bald eine wichtige Rolle spielte.

1948 bekam Ruth Leeuwerick eine Hörspielrolle in „Die große Katharina" von George Bernard Shaw (1856–1950. Bis 1975 erhielt sie 17 weitere Rollen in Hörspielproduktionen für den Rundfunk und Schallplattenfirmen.

In der Spielzeit 1948/1949 hatte Ruth Leeuwerik ein Engagement bei den „Bühnen der Hansestadt Lübeck"

auf. Sie verkörperte die Sally Middleton in „Das Lied der Taube", die Aude in „Das Grab des unbekannten Soldaten", die Angela in „Der Lügner und die Nonne" und die Mary Skinner in „Der Herr im Haus".
Während ihres Engagements in Lübeck interessierte sich das „Deutsche Schauspielhaus Hamburg" für Ruth Leeuwerik. Man beabsichtigte, sie sofort für eine Uraufführung des Schriftstellers und Widerstandskämpfers Günther Weisenborn (1902–1969) zu engagieren. Doch der Intendant in Lübeck wollte sie nicht aus dem laufenden Vertrag entlassen und ließ sich auch durch die Mutter von Ruth nicht umstimmen. Doch dann kam der Zufall zu Hilfe, als sich Ruth einige Male tagsüber in Hamburg aufhielt und abends wieder in Lübeck spielte. Eines Tages war in Lübeck eine Umbesetzung nötig und man konnte Ruth, der man dies mitteilen wollte, zuhause nicht erreichen, weil sie erneut in Hamburg weilte. Als der Lübecker Intendant erfuhr, dass Ruth in Hamburg war, beleidigte ihn dies so sehr, dass er zu ihr sagte, sie könne gehen.
Am „Deutschen Schauspielhaus Hamburg" bekam Ruth Leeuwerik die Hauptrolle der Federle in dem Stück „Ballade vom Eulenspiegel, vom Federle und von der dicken Pompanne" von Günther Weisenborn. Regie führte Wolfgang von Stas. Die Uraufführung erfolgte am 18. März 1949. Das Bühnenbild bestand nur aus einem Sackleinwandzelt. Der Premierenjubel dauerte 20 Minuten lang. Als Federle wurde Ruth der Liebling

des Publikums. Auch der Portier sprach sie als Federle an, wenn er fragte, wie es ihr ginge.

Weitere Rollen der Leeuwerik in der Spielzeit 1948/1949 am „Deutschen Schauspielhaus Hamburg" waren das Gretchen in „Faust, I. Teil" und die Olga in „Improvisation im „Juni".

Auch die Spielzeit 1949/1950 am „Deutschen Schauspielhaus Hamburg" war ein arbeitsreiches Jahr für Ruth Leeuwerik. Sie spielte die Manuela von Meinhardis in „Mädchen in Uniform", die Eléna in „Montserrat", die Jeannette Martini in „Romanze im Schloß", die Prinzessin Jaschma in „Der gläserne Storch oder „Es hat alles sein Gutes", die Irma in „Die Irre von Chaillot", die Kreusa in „Medea" und die Viola in „Was ihr wollt". Zu Beginn ihrer Filmkarriere strich Ruth Leeuwerik das zweite „e" zu Beginn ihres Familiennamens und nannte sich fortan Ruth Leuwerik. 1950 sah man sie in dem Film „Dreizehn unter einem Hut" in einer Nebenrolle erstmals auf der Kinoleinwand. In dieser Urlaubskomödie wirkten Volker von Collande (1913–1990), Inge Landgut (1922–1986), Rudolf Platte (1904–1984) und Gustel Gerhards mit. Nach diesem Streifen wurde die Leuwerik kritisiert, man könne sie nicht fotografieren. 1950 heiratete die 26-jährige Ruth Leuwerik ihren Schauspielerkollegen Herbert Fleischmann. Hierüber erklärte sie einmal, sie sei auf sein Drängen in die Ehe hineingetapst. Anfangs wunderte sie sich darüber, dass es überhaupt jemand mit ihr aushielt. Diese Ehe sei

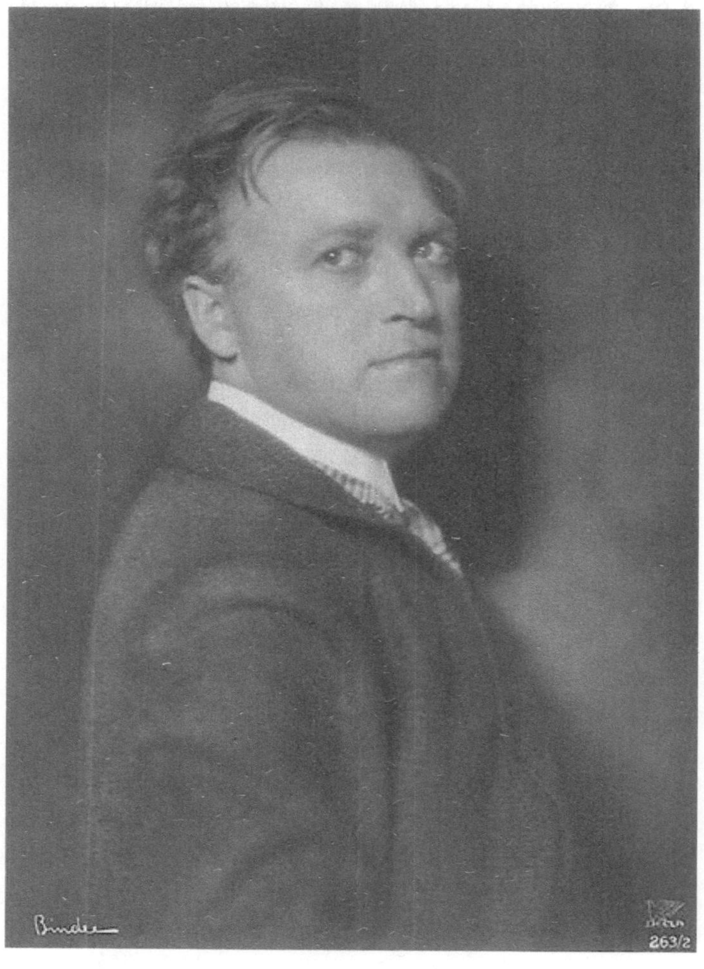

Werner Krauß (1884–1959)

nicht die Erfüllung ihres Lebenstraums gewesen, verriet sie später. Wer die beiden Eheleute zusammen sah, hielt sie oft für ein „merkwürdiges kleines Geschwisterpaar".

In der Spielzeit 1950/1951 des „Deutschen Schauspielhauses Hamburg" trat Ruth Leuwerik als Isabelle in „Intermezzo" auf. Die deutsche Erstaufführung erfolgte am 21. Oktober 1950. In dem Stück „Der Hauptmann von Köpenick" von Carl Zuckmayer (1896–1977), das am 8. Juni 1951 Premiere hatte, spielte sie neben Werner Krauß (1884–1954) ein krankes Mädchen. Sie war sehr aufgeregt, zusammen mit diesem berühmten Schauspieler auftreten zu dürfen. Laut Online-Lexikon „Wikipedia" galt Krauß als charismatisches Genie und größter Schauspieler seiner Zeit mit unglaublicher Verwandlungskunst, war jedoch Antisemit und infolge seiner Nähe zum Nationalsozialismus charakterlich sehr umstritten.

Während der Spielzeit 1950/1951 gab Ruth Leuwerik auch Gastspiele am „Hebbel-Theater Berlin". Dort sah man sie als Isabelle in „Intermezzo" und als Lucile in „Dantons Tod".

Für das „Deutsche Schauspielhaus Hamburg" stand Ruth Leuwerik in der Spielzeit 1951/1952 wieder oft auf der Bühne. In „Vor Sonnenaufgang" trat sie wieder gemeinsam mit Werner Krauß auf, der sie faszinierte und nun wahrnahm. Weitere Rollen in Hamburg waren die Cordelia in „König Lear", eine Frau in „Der Teufel

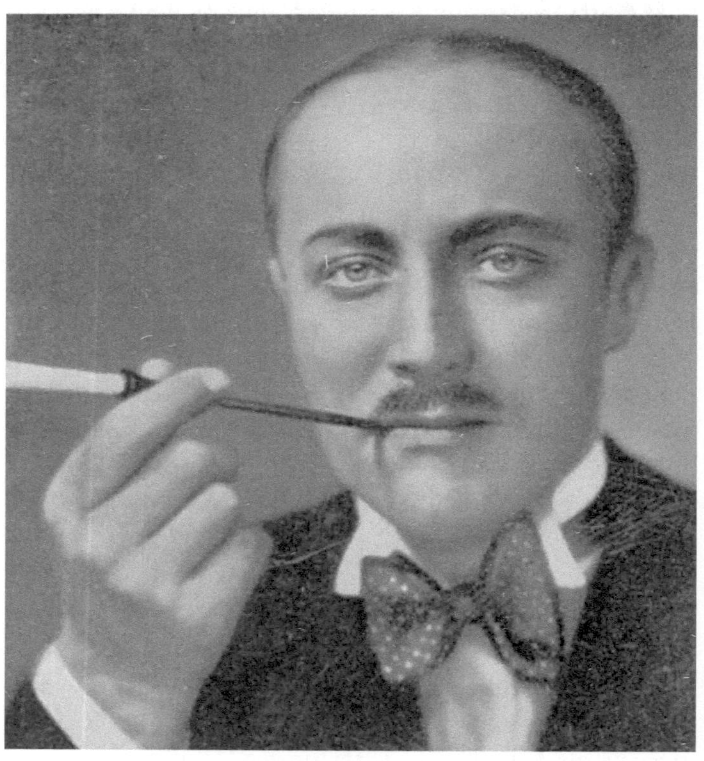

Hubert von Meyerinck (1896–1971)

und der liebe Gott", die Fanny in „Das nackte Leben" und die gute Fee in „Die Liebe der vier Obersten" von Peter Ustinov (1921–2004). Premiere war am 18. April 1952.

1951 synchronisierte Ruth Leuwerik die irisch-amerikanische Schauspielerin Maureen O'Hara in der deutschen Fassung des Streifens „Jamaica Inn" („Riff-Piraten") von Alfred Hitchcock 1899–1980). Die englische Originalfassung stammte aus dem Jahre 1939.

Obwohl ihr Auftritt in dem Film „Dreizehn unter einem Hut" ein Flop gewesen war, erhielt Ruth Leuwerik eine neue Chance auf der Kinoleinwand. Der Schauspieler Hubert von Meyerinck (1896–1971), scherzhaft „Hubsi" oder „Knurpsi" genannt, sprach einen Schauspielagenten an und meinte, man könne die Leuwerik doch eigentlich für einen Film brauchen und man solle mit ihr Probeaufnahmen machen. Damals trat Ruth allabendlich zusammen mit Werner Krauß als Cordelia in dem Theaterstück „König Lear" auf. Sie fragte Krauß, ob sie einen Abend weg sein dürfte, wenn sie ihm einen Ersatz für die Rolle der Cordelia beschaffen würde. Krauß bejahte und Ruth fuhr zu Probeaufnahmen nach München. Danach erhielt sie einen Vertrag für die Familienkomödie „Vater braucht eine Frau" (1952) unter der Regie von Harald Braun (1901–1960), der auf gepflegten Darstellungsstil großen Wert legte. Darin spielte Ruth ihrer erste Hauptrolle und war die

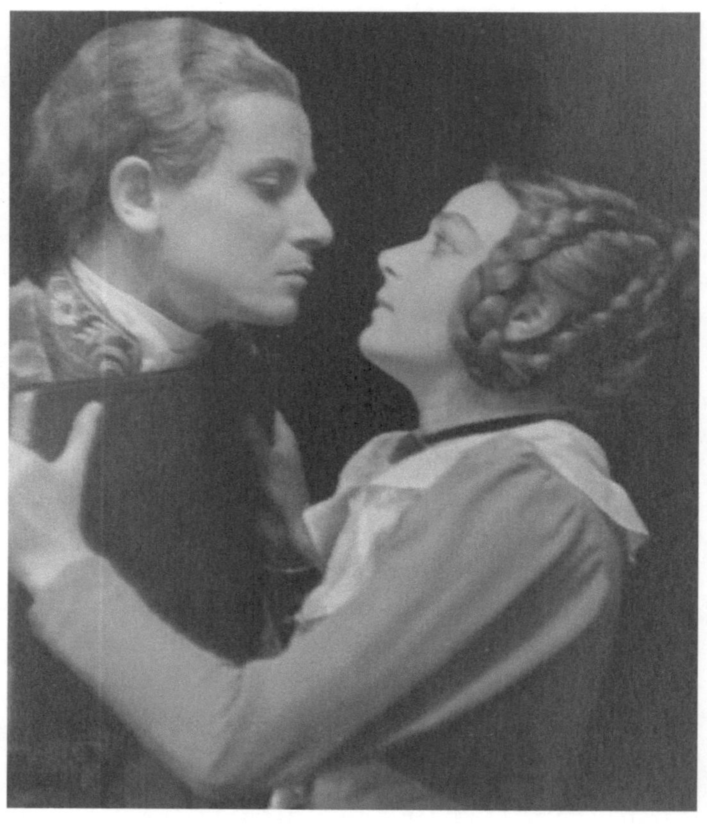

Dieter Borsche (1909–1982)
mit Lotte Berger (1907–1990)

Filmpartnerin des eckigen, smarten und coolen Schauspielers Dieter Borsche. Die Gage für diesen Streifen war sehr bescheiden. Deswegen schlief Ruth nachts in der Garderobe in Geiselgasteig. Eine Putzfrau machte ihr auf dem Sofa ein Bett zurecht und dieses kostete drei oder fünf Mark. Dieser Film war finanziell so erfolgreich, dass Borsche und Leuwerik danach den Film „Die große Versuchung" (1952) drehten. Jener fußte auf dem beliebten Fortsetzungsroman einer deutschen Illustrierten.

In der Spielzeit 1952/1953 des „Deutschen Schauspielhauses Hamburg" sah man Ruth Leuwerik als Pippa in „Und Pippa tanzt" und als Rosalinde in „Wie es euch gefällt". 1953 zog Ruth von Hamburg nach München um.

Für 1953 erwähnt die Filmografie von Ruth Leuwerik vier Titel: „Ein Herz spielt falsch", „Geliebtes Leben", „Muß man sich denn gleich scheiden lassen?" und „Königliche Hoheit". In dem Melodram „Ein Herz spielt falsch" trat Ruth erstmals an der Seite von O. W. (Otto Wilhelm) Fischer auf. Ursprünglich war dies ein Fortsetzungsroman in der Zeitschrift „Hörzu", der so viele Leser/innen fesselte, dass ständig neue Folgen erdacht wurden. „Geliebtes Leben" schildert die Entwicklung einer Frau über verschiedene Zeitabschnitte hinweg. Für diese Rolle erhielt die Leuwerik 1954 das „Filmband in Silber" als beste Hauptdarstellerin. In „Muß man sich denn gleich scheiden lassen?" geht es

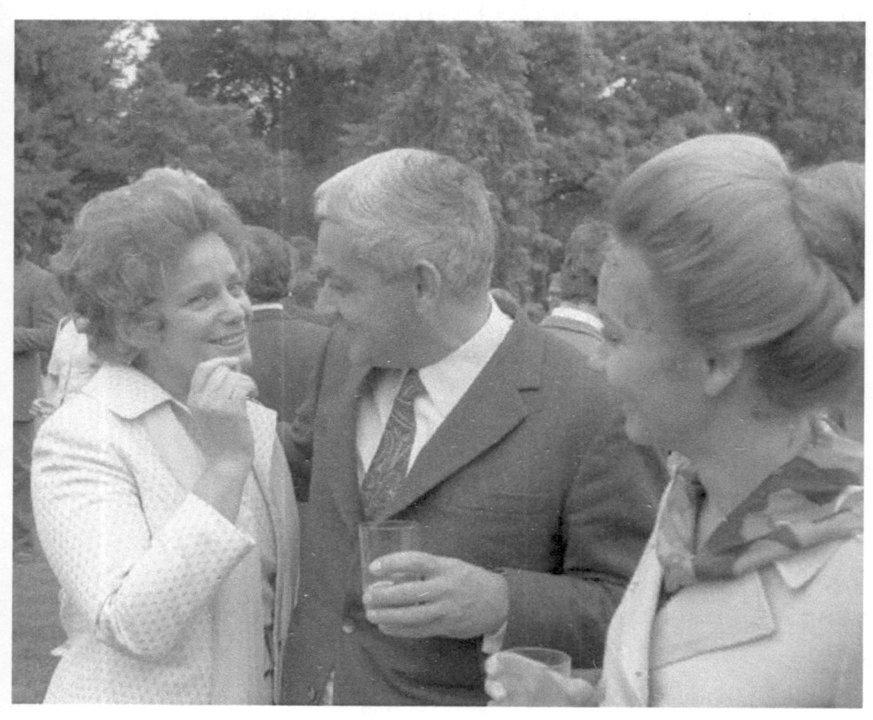

Maria Schell (1926–2005), links

um die Ehekrise eines untreuen Rennfahrers (Hardy Krüger) und seiner treuen Gattin (Ruth Leuwerik). „Königliche Hoheit" erzählt die romantische Liebesgeschichte zwischen einem konservativen Prinzen (Dieter Borsche), der seinen kränkelnden Bruder als Großherzog ablöst, und einer lebensfrohen amerikanischen Millionärstochter (Ruth Leuwerik).

„Bildnis einer Unbekannten" (1954) hieß der erste von insgesamt 14 Kino- und Fernsehfilmen, die Ruth Leuwerik zusammen mit dem Schriftsteller, Journalisten, Drehbuchautor und Produzenten Utz Utermann (1912–1991), eigentlich Wilhelm Utermann, produzierte. Mit ihm war sie auch privat verbunden.

In den 1950-er Jahren galten Dieter Borsche und Ruth Leuwerik neben Sonia Ziemann und Rudolf Prack (1905–1981) sowie Maria Schell (1926–2005) und O. W. Fischer als eines der bekanntesten Filmpaare.

Als die größten Kinoerfolge von Ruth Leuwerik gelten „Ein Herz spielt falsch" (1953), „Bildnis einer Unbekannten" (1954) und „Ludwig II. Glanz und Elend eines Königs" (1955).

Die Theatrografie von Ruth Leuwerik erwähnt für 1954 keine Auftritte auf der Bühne. In der Spielzeit 1955 gab sie als Eurydike in dem gleichnamigen Stück ein Gastspiel im „Düsseldorfer Schauspielhaus". Dies war ihr letzter Bühnenauftritt.

Mitte der 1950-er Jahre erntete ein Film von Ruth Leuwerik eine so schlechte Kritik, dass es ihr danach nicht gut ging und deswegen sogar ein Arzt zu ihr kommen musste. Danach beschloss sie, keine Kritiken über ihre Filme mehr zu lesen, weder gute, noch schlechte.

Große Popularität erlangte Ruth Leuwerik mit ihrer Rolle in „Die Trapp-Familie" (1956) und „Die Trapp-Familie in Amerika" (1958). Diese beiden Titel über die „Trapp-Familie" gehörten zu den insgesamt sieben Filmen, die Ruth unter der Regie von Wolfgang Liebeneiner (1905–1987) drehte. Als Vorlage für diese beliebten Heimatfilme dienten die erfolgreichen Erinnerungen von Maria Augusta von Trapp (1905–1987), die unter dem englischsprachigen Originaltitel „The Story of the Trapp Family Singers" und unter dem deutschen Titel „Die Trapp-Familie. Vom Kloster zum Welterfolg" erschienen sind.

Die Autorin Maria Augusta von Trapp hat Ruth Leuwerik besucht und fand sie zunächst „reichlich jung". Doch als sie einen Film von Ruth gesehen hatte, war sie sehr von ihr angetan und bot ihr das Du an. Ruth ging darauf aber nicht ein, weil sie Hemmungen hatte, den Vornamen Maria Augusta auszusprechen. Die Adlige blieb für die Leuwerik die Frau von Trapp.

Aus eigenem Antrieb hätte sich Ruth Leuwerik die Rolle der Maria von Trapp nicht ausgesucht. Eigentlich hatte sie eine gewisse Abneigung gegen Mütter, die wie eine Glucke auf ihrer ganzen Familie sitzen. Es störte sie auch, dass die Baronin Trapp angeblich einen direkten

Draht zum lieben Gott hatte. Doch sie nahm diese Rolle „unter einem gewissen Druck von außen" an. Man sagte ihr, dieser Stoff verspreche einen großen Erfolg und das sollte sie jetzt mal spielen.

Der Film „Die Trapp-Familie" erzählt eine rührende Geschichte. Baron Trapp (dargestellt von Hans Holt), Witwer und hochdekorierter U-Boot-Kapitän des Ersten Weltkrieges, sucht nach mehreren Reinfällen eine geeignete Gouvernante für seine fünf Kinder. Dabei wendet er sich an ein Kloster, das ihm die lebenslustige Novizin Maria (dargestellt von Ruth Leuwerik) schickt. Bei den Dreharbeiten reagierte die Haut der Leuwerik allergisch, als sie die Ordenstracht überzog. Maria erobert im Film zunächst die Herzen der Kinder, später auch die des Vaters und heiratet den Baron. Nachdem der Baron während der Weltwirtschaftskrise über Nacht sein ganzes Geld verliert, verdient die Familie ihren Lebensunterhalt mit einem gastronomischen Betrieb, dem „Schlosshotel Trapp". Als Österreich 1938 an das „Deutsche Reich" angeschlossen wird, flieht die Familie Trapp ins Ausland, weil mit dem Geld des Barons Gegner der Nationalsozialisten finanziert wurden.

In der Fortsetzung „Die Trapp-Familie in Amerika" unternehmen die Trapps, die inzwischen acht Kinder haben, eine Tournee durch die USA. Doch die vom Trapp-Kinderchor dargebotenen religiösen Lieder kommen beim Publikum nicht gut an. Die Stimmen des Trapp-Kinderchors im Film stammten von den

Foto auf Seite 27:

*Antrag auf Einbürgerung
von Maria Augusta von Trapp (1905–1987)
in die USA vom 21. Januar 1944.
Ihr Leben wurde in den Filmen
„Die Trapp-Familie" (1956) und
„Die Trapp-Familie in Amerika" (1958)
geschildert.
Darin spielte Ruth Leuwerik
die weibliche Hauptrolle.
1959 wurde diese Geschichte in den USA
im Musical „The Sound of Music"
auf die Bühne gebracht.*

TRIPLICATE
(To be given to declarant when originally issued; to be made a part of the petition for naturalization when petition is filed; and to be retained as part of the petition in the records of the court)

UNITED STATES OF AMERICA

DECLARATION OF INTENTION

No. 9887

(Invalid for all purposes seven years after the date hereof)

United States of America, District of Vermont — In the U. S. District Court of the United States, Burlington, Vermont

(1) My full, true, and correct name is MARIA AUGUSTA VonTRAPP
(2) My present place of residence is Stowe, Lamoille, Vermont
(3) My occupation is Singer (4) I am 39 years old. (5) I was born on January 26, 1905 in Vienna, Austria (6) My personal description is as follows: Sex Female, color White, complexion fair, color of eyes blue, color of hair brown, height 5 feet 7 inches, weight 160 pounds, visible distinctive marks none, race white, present nationality Austrian
(7) I am married; the name of my husband is George; he was born at Zara, Dalmatia, Austria on April 4, 1880; we were married on 11/26/1927 at Salzburg, Austria and entered the United States at Niagara Falls, New York on December 30, 1942 for permanent residence in the United States, and now resides at Stowe, Lamoille, Vermont
(8) I have 3 children, and the name, sex, date and place of birth, and present place of residence of each of said children who is living, are as follows: Rosemarie, Female, Feb. 8, 1928; Eleonora, Female, May 14, 1931, said two born at Salzburg, Austria; Johannes, male, Jan. 17, 1939 at Philadelphia, Pa; all three now reside at Stowe, Vermont
(9) My last place of foreign residence was Salzburg, Salzburg, Austria (10) I emigrated to the United States from Salzburg, Austria (11) My lawful entry for permanent residence in the United States was at Niagara Falls, N. Y. under the name of Maria Augusta VonTrapp on December 30, 1942 on the C. N. R. R.
(12) Since my lawful entry for permanent residence I have not been absent from the United States, for a period or periods of 6 months or longer, as follows:

DEPARTED FROM THE UNITED STATES			RETURNED TO THE UNITED STATES		
Port	Date (Month, day, year)	Vessel or Other Means of Conveyance	Port	Date (Month, day, year)	Vessel or Other Means of Conveyance

(13) I have not heretofore made declaration of intention: XXXXXXXXXXXXXXX XXX XXXXX

(14) It is my intention in good faith to become a citizen of the United States and to reside permanently therein. (15) I will, before being admitted to citizenship, renounce absolutely and forever all allegiance and fidelity to any foreign prince, potentate, state, or sovereignty of whom or which at the time of admission to citizenship I may be a subject or citizen. (16) I am not an anarchist; nor a believer in the unlawful damage, injury, or destruction of property, or sabotage; nor a disbeliever in or opposed to organized government, or a member of or affiliated with any organization or body of persons teaching disbelief in or opposition to organized government. (17) I certify that the photograph affixed to the duplicate and triplicate hereof is a likeness of me and was signed by me.
I do swear (affirm) that the statements I have made and the intentions I have expressed in this declaration of intention subscribed by me are true to the best of my knowledge and belief. SO HELP ME GOD.

Maria Augusta von Trapp
(Signature of declarant)

Subscribed and sworn to (affirmed) before me in the form of oath shown above in the office of the Clerk of said Court, at Burlington, Vermont this 21st day of January, anno Domini 19 44. I hereby certify that Certificate No. 3 242161 from the Commissioner of Immigration and Naturalization, showing the lawful entry for permanent residence of the declarant above named on the date stated in this declaration of intention, has been received by me, and that the photograph affixed to the duplicate and triplicate hereof is a likeness of the declarant.

[SEAL]

AUSTIN H. KERIN,
Clerk of the U. S. District Court.
By *Aust H. Murray*
Deputy Clerk.

Form N-315
U. S. DEPARTMENT OF JUSTICE
IMMIGRATION AND NATURALIZATION SERVICE
(Edition of 11-1-42)

berühmten „Regensburger Domspatzen". Kurz bevor ihr Visum abläuft, haben die Trapps eine rettende Idee: Statt Kirchenmusik präsentieren sie in den USA alpenländische Folklore und haben damit Erfolg. Bei den Dreharbeiten in New York nahe der Börse und mit einer großer Kinderschar hielt man die deutschen Darsteller irrtümlich für ungarische Flüchtlinge. Der ungarische Volksaufstand war Ende 1956 niedergeschlagen worden. Die Streifen über die Trapp-Familie begeisterten auch das Kinopublikum in den USA. Sie sollen sogar zu den Lieblingsfilmen des chinesischen Diktators Mao Tse-Tung (1893–1976) gehört haben.

Von den Dreharbeiten in Amerika kehrte Ruth Leuwerik gern nach Europa zurück. Eine in den USA angebotene Filmrolle lehnte sie ab. Diese Rolle sagte ihr nicht zu und sie hatte den Verdacht, dass man nur ihren Namen für den deutschen Markt haben wollte.

Nach den Filmen über die Trapp-Familie erlebte Ruth Leuwerik einen kometenhaften Aufstieg als Filmstar in ihrer Heimat. Dieser war am „Starometer", das damals regelmäßig in der „Star-Revue" veröffentlicht wurde, abzulesen. Gleichzeitig sank der Stern von Maria Schell, die als beliebster deutscher Filmstar von der Leuwerik abgelöst wurde. Privat hatten die beiden Konkurrentinnen ein gutes Verhältnis zueinander und trafen sich hin und wieder.

In „Immer wenn der Tag beginnt" (1957) ging es um eine Lehrerin aus Berufung, die ihren Schülern nicht nur den Lehrstoff beibringen, sondern ihnen auch im Notfall eine menschliche Stütze und Hilfe sein wollte. Zum Verhängnis wurde ihr beinahe ein Tagebuch, in dem ein Schüler seine Liebe zu ihr gestand. Der Film „Dorothea Angermann" (1958) handelte von dem aus einer Notwehrsituation begangenen Mord an einem ungeliebten Ehemann. In „Taiga" (1958) spielte Ruth Leuwerik neben Hannes Messemer (1924–1991) überzeugend eine couragierte deutsche Ärztin in einem sibirischen Kriegsgefangenenlager. Für diese anspruchsvolle Rolle wurde ihr beim „San Francisco International Filmfestival" der erste Preis als beste Darstellerin zugesprochen.

In „Die ideale Frau" (1959) spielte Ruth Leuwerik die Bürgermeisterin Fanny Becker und Martin Benrath den Oppositionsführer. Das Problem der Beiden: Sie müssen verheimlichen, dass sie verheiratet sind. Denn laut Gesetz müsste einer von ihnen zurücktreten. Die Uraufführung dieses Schwanks erfolgte am 25. August 1959 im „Phoebus-Palast" in Nürnberg. Bei der Premiere gaben die Leuwerik sowie Boy Gobert und Martin Benrath im Foyer Autogramme. Dabei rückte die Menschenmenge beängstigend auf die Schauspieler vor. Der Tisch vor ihnen kam auf sie zu und sie flüchteten auf die Sofalehne. Erst als ein Polizeihund zum Einsatz kam, ging die Menge auseinander.

In dem Film „Ein Tag, der nie zu Ende geht" (1959) stellte Ruth Leuwerik die irische Witwe Maureen Backet

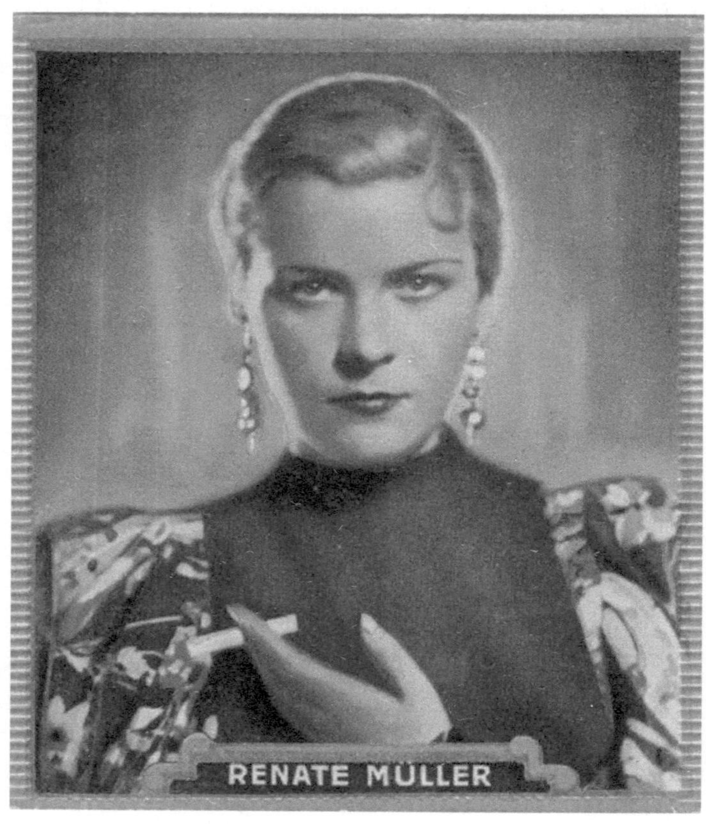

Renate Müller (1906–1937)

dar, deren Mann in seinem Flugzeug von Deutschen abgeschossen und getötet wurde. 1943 musste sich Maureen zwischen zwei Männern entscheiden. Einer davon war der amerikanische Flieger Bill, dargestellt von Hannes Messemer, der andere der deutsche U-Boot-Kommandant Robert, gespielt von Hansjörg Felmy (1931–2007). Es gibt kein Happy-End: Der Amerikaner verlässt enttäuscht das Haus der Witwe. Der Deutsche kehrt zu seinen U-Boot-Kameraden zurück, gerät in einen Hinterhalt und stirbt.

Als erste deutsche Schauspielerin nahm Ruth Leuwerik 1960 in London an der „Royal Performance" teil. Dabei handelt es sich um den Filmempfang des britischen Königshauses. Ein Angebot des Hollywood-Filmstudios „Universal" schlug sie aus.

In der Filmbiografie „Liebling der Götter" (1960) über das Leben des „UFA"-Stars Renate Müller (1906–1937) überzeugte Ruth Leuwerik schauspielerisch. Aber finanziell war dieses Werk kein Erfolg. Bereits vor den Dreharbeiten kam es zu einem Zerwürfnis zwischen Ruth und Helmut Käutner (1908–1980), der als Regisseur vorgesehen war. Die Beiden hatten unterschiedliche Ansichten „über die Charakterzeichnung Renate Müllers sowie über die Gewichtung ihrer Rolle im Kontext des Nationalsozialismus". Die Leuwerik lehnte das Drehbuch ab und Käutner schlug dem Produzenten Arthur Brauner vor, die Rolle anderweitig zu besetzen. Der Streit endete so: Ruth behielt die

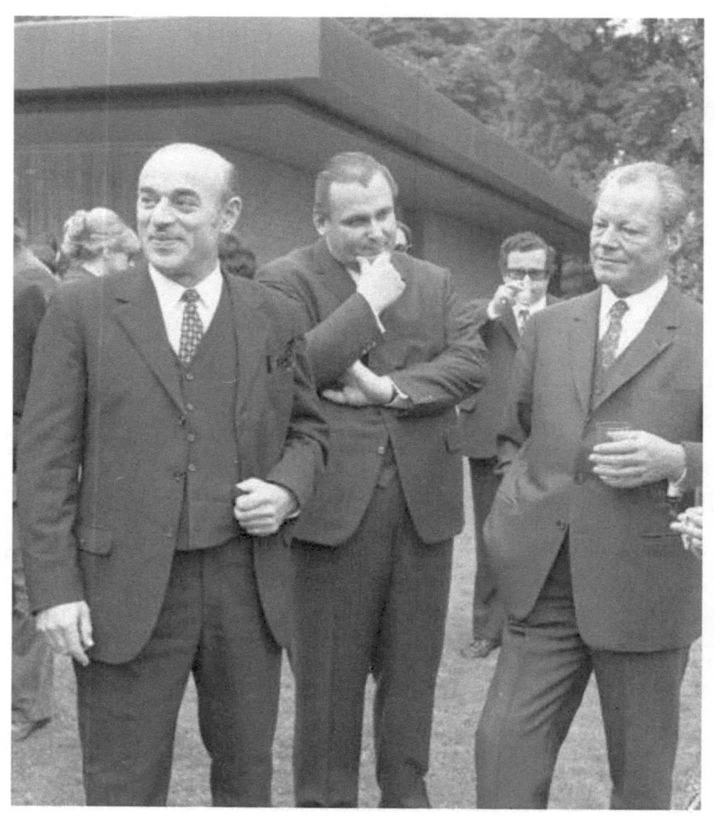

*Arthur Brauner (links) bei einem Empfang
von Bundeskanzler Willy Brandt*

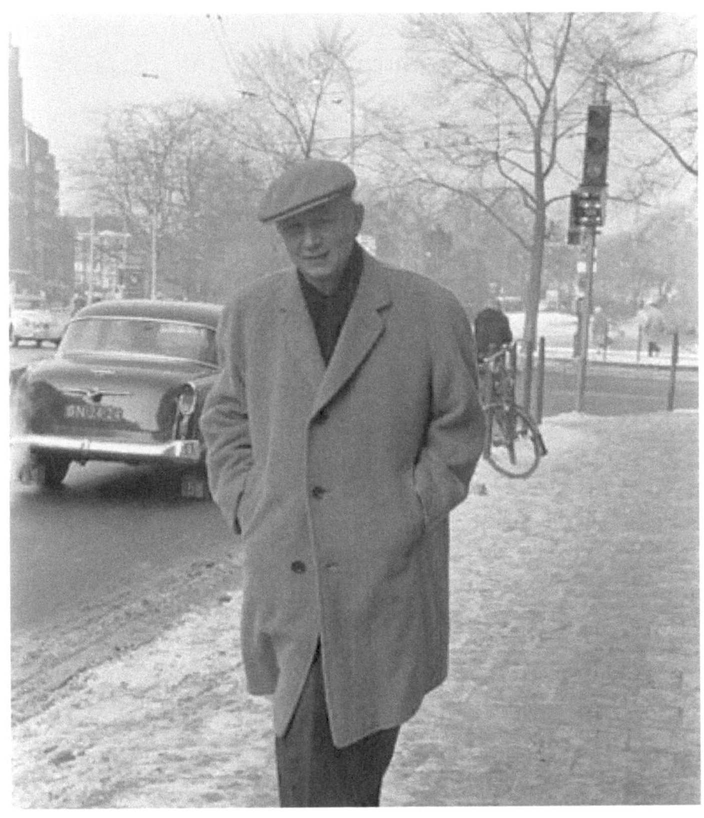

Filmregisseur Helmut Käutner (1908–1980)
in den Niederlanden

Hauptrolle, Georg Hurdalek (1908–1980) schrieb ein neues Drehbuch und Gottfried Reinhard (1911–1994) fungierte als Regisseur.

Die in München geborene Film- und Theaterschauspielerin Renate Müller, die man 1930 in dem Streifen „Liebling der Götter" sah, war am 7. Oktober 1937 unerwartet in einem Berliner Krankenhaus gestorben. Zwei Wochen zuvor war sie aus dem ersten Stock ihrer Villa in Berlin-Dahlem gestürzt. Um ihren frühen Tod ranken sich viele Spekulationen. Angeblich wollte Propagandaminister Joseph Goebbels sie mit dem Diktator Adolf Hitler verkuppeln, woran der Filmstar nicht interessiert gewesen sein soll. Danach soll man ihre künstlerische Arbeit systematisch behindert haben. Statt mit Hitler hatte Renate Müller eine Beziehung zu dem jüdischen, nach Paris emigrierten Bankierssohn Georg Deutsch. Die „Geheime Staatspolizei" („Gestapo") ließ Renate angeblich ständig beobachten. Es heißt, sie sei dem Alkohol verfallen, habe Drogen genommen und zeitweise an Epilepsie gelitten. Nach dem Sturz aus dem ersten Stock ihrer Villa wurde Renate Müller auf der Terrasse von ihrer Freundin, der Schauspielerin Sybille Schmitz (1909–1955), bewusstlos und mit einer Kopfverletzung gefunden. Nach Aussage von Sybille Schmitz war Renate Müller betrunken aus dem ersten Stock gestürzt. Gerüchte, sie habe sich aus dem Fenster gestürzt oder sei von der „Gestapo" ermordet worden, entbehrten jeder Grundlage. An der Trauerfeier durften keine Schauspielkollegen teilnehmen, sie wurde von der „Gestapo" gefilmt. Obwohl die Eltern und eine Schwester von Renate Müller noch lebten, wurde der Besitz der Schauspielerin enteignet und öffentlich versteigert. Die Familie von Renate Müller wollte den Film „Liebling der Götter" per Klage verhindern, weil die Handlung darin von den historischen Fakten abwich.

In „Eine Frau fürs ganze Leben" (1960) unter der Regie von Wolfgang Liebeneiner (1905–1987) bewies Ruth Leuwerik, dass sie auch großes komödiantisches Talent besaß. Darin verkörperte sie eine patente Adlige, die sich und ihre Familie humorvoll über Widrigkeiten in Berlin von 1902 bis 1946 rettet.

Ab Beginn der 1960-er Jahre ließ der Erfolg von Ruth Leuwerik auf der Kinoleinwand nach. Von ihrem Film „Die Rote" (1962) waren weder Publikum noch Kritiker begeistert. Dieser Streifen schilderte die erotischen Abenteuer einer aus ihrer Ehe ausbrechenden Frau.

1963 kamen drei Filme in die Kinos, in denen Ruth Leuwerik mitwirkte: „Elf Jahre und ein Tag", „Das Haus von Montevideo" und „Ein Alibi zerbricht. Im Fahrerflucht-Thriller „Elf Jahre und ein Tag" stellte sie neben Bernhard Wicki (1919–2000) eine Industriellengattin dar. In der Komödie „Das Haus von Montevideo" verkörperte sie die heitere und mütterliche Film-Ehegattin von Heinz Rühmann (1902–1994). In „Ein

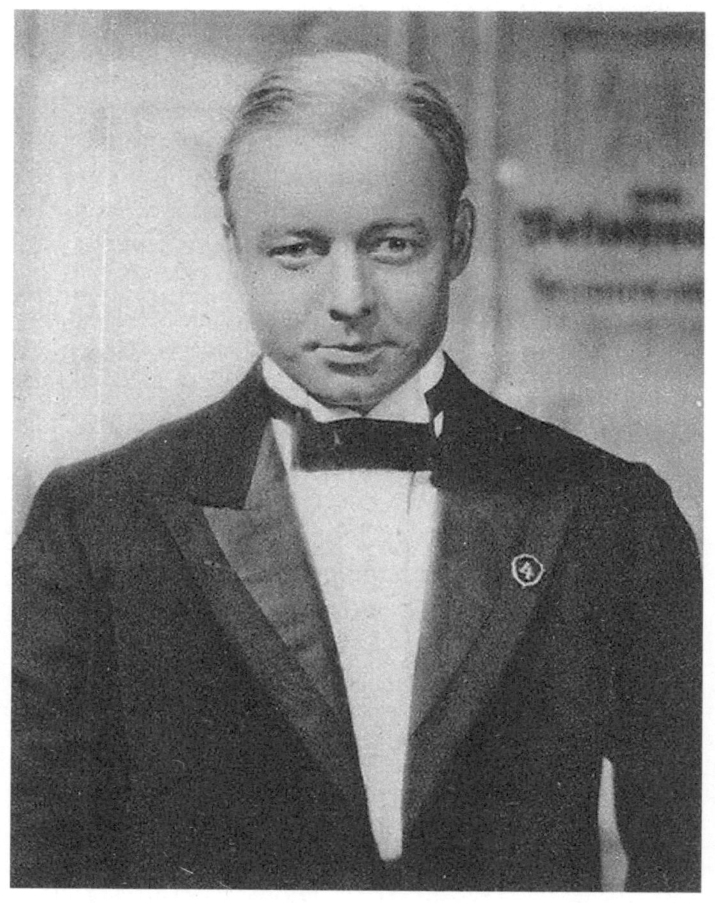

Heinz Rühmann (1902–1994)

Alibi zerbricht" spielte sie neben Peter van Eyck (1913–1969) eine Rechtsanwältin.

Anschließend legte Ruth Leuwerik als Schauspielerin eine längere Drehpause beim Film ein. Nach eigener Aussage hatte sie sich auf die Filmrollen sehr konzentrieren und auch etwas überziehen müssen, sonst wäre sie Mittelmaß geblieben. Nach „Ein Alibi zerbricht", mittlerweile 13 Jahren im Filmgeschäft und 28 Kinospielfilmen wollte sie einmal eine längere Pause einlegen. Doch dies war im Filmgeschäft mit seiner schnellen Abfolge von Filmende, Premiere, neuem Buch, Besprechungen und Drehbeginn des neuen Films schlecht möglich. Die Beschäftigung während der filmlosen Zeit von 1964 bis 1971 nannte sie „mit Vergnügen wohnen". Geborgenheit und ein ausgeglichenes Privatleben erschienen ihr wichtig.

Auf der Kinoleinwand sah man Ruth Leuwerik meistens als anschmiegsame, schutzsuchende, charmante, wohlerzogene, aber selbstbewusst-emanzipierte Frau. Schnell etablierte sie sich als Gegenpol zur gefühlsbetont auftretenden Maria Schell. Nach Filmen der Leuwerik oder der Schell verließen die Zuschauer/innen oft mit rotgeweinten Augen das Kino. Im Gegensatz zum „Seelchen" Schell weinte die Leuwerik aber selten selbst. Sie ließ das Publikum weinen. Statt ihre Hände hilfesuchend nach einem männlichen Beschützer auszustrecken, packte Ruth in ihren Filmen die Situation beim Schopf und meisterte selbst das Schicksal ihrer Lieben.

Im Fernsehen war Ruth Leuwerik unter anderem mit
„Hedda Gabler" (1963), „Ninotschka" (1964/1965,
„Das weite Land" (1969), als zartbesaitete Mörderin in
„Und Jimmy ging zum Regenbogen" (1970/1971) nach
Johannes Mario Simmel (1924–2009), „Der Kommissar:
Der Segelbootmord" (1974), „Derrick: Ein Hinterhalt"
(1977), als Konsulin in der elfteiligen Serie „Die
Buddenbrooks" (1978/1979) und „Derrick: Der Täter
schickte Blumen" (1982/1983) vertreten.
Der letzte Kinofilm von Ruth Leuwerik hieß „Un-
ordnung und frühes Leid" (1977) unter der Regie von
Franz Seitz (1921–2006). Darin mimte sie die Ehefrau
eines Geschichtsprofessors, gespielt von Martin Held
(1908–1992), der von einem Studenten an seine kritik-
würdige Propaganda aus Kriegszeiten erinnert wird.
In den 1980-er Jahren zog sich Ruth Leuwerik auch vom
Theater zurück. Danach engagierte sie sich als Vor-
sitzende des Auswahlgremiums für den „Bayerischen
Filmpreis" und als Schirmherrin der „Johanniter-Unfall-
Hilfe".
Ruth Leuwerik war zu feinnervig für das immer härter
werdende Treiben im Filmgeschäft. Einmal erklärte sie,
sie habe sich außerstande gesehen, das Leben einer Aktie
zu führen, mal hoch im Kurs, mal unten. Unter den
heutigen Film- und Fernsehverhältnissen würde sie als
verwelkte Mauerblume in der Ecke sitzen.
Die Liste der Auszeichnungen und Ehrungen für Ruth
Leuwerik ist umfangreich. 1953 erhielt sie den ersten

von insgesamt fünf „Bambis" der Zeitschrift „Hörzu". 1954 nahm sie – wie erwähnt – den „Bundesfilmpreis in Silber" als beste Hauptdarstellerin entgegen. 1956 wurde sie Mitglied der „Akademie der Darstellenden Künste" in Hamburg. 1958 sprach man ihr bei den „Internationalen Filmfestspielen San Francisco" für ihre Rolle in „Taiga" den „Golden Gate Award" zu. Zwischen 1958 und 1963 errang sie sechmals den „Otto" der Zeitschrift „Bravo". 1966 folgte der „Preis des Deutschen Fernsehens". 1974 verlieh man ihr das „Bundesverdienstkreuz 1. Klasse", 1978 den „Bayerischen Verdienstorden" und das „Filmband in Gold", 1980 das „Große Bundesverdienstkreuz", 1991 den „Bayerischen Filmpreis" (Ehrenpreis), 2000 den „DIVA-Award" und 2004 die Medaille „München leuchtet".
Ruth Leuwerik heiratete 1950 den Schauspieler Herbert Fleischmann (1925–1984), der – wie sie später verriet – gar nicht ihr Typ war. Die erste Ehe – eine Art Kinderehe, sagte sie – dauerte nur wenige Wochen. 1965 ehelichte sie den Sänger Dietrich Fischer-Dieskau (1925–2012, von dem sie 1967 geschieden wurde. Dritter Ehemann wurde 1969 der Augenarzt Dr. Heinz Purper (1920 geboren), der einen Sohn aus einer früheren Verbindung mit in die Ehe brachte.
Hobbies von Ruth Leuwerik waren Reisen, Lesen und das Sammeln von Antiquitäten. Nie war die „First Lady" des deutschen Films in Skandale oder Affären verwickelt. Am politischen und gesellschaftlichen Leben nahm sie

zwar lebhaft, aber nur geistig teil. Öffentliche Auftritte hat sie weitgehend vermieden.

Anlässlich des 80. Geburtstages von Ruth Leuwerik widmete ihr das „Filmmuseum Berlin" vom 29. April bis zum 15. August 2004 eine große Werkschau unter dem Titel „Die ideale Frau – Ruth Leuwerik und das Kino der fünfziger Jahre". Zum 85. Geburtstag veranstaltete das „Bayerische Fernsehen" einen Themenabend mit einem halbstündigen Dokumentarfilm „Ruth Leuwerik erzählt ..." unter der Regie von Eckhardt Schmidt und drei ihrer Kinofilme.

An Ruth Leuwerik erinnert auch ein Stern auf dem am 10. September 2010 eingeweihten „Boulevard der Stars" in Berlin. Er befindet sich in prominenter Lage mitten in der deutschen Hauptstadt auf der Potsdamer Straße neben Filmstars wie Marlene Dietrich, Hildgard Knef, Romy Schneider, Mario Adorf, Armin Mueller-Stahl, Bruno Ganz und Götz George.

2013 machten Ruth Leuwerik und ihr Ehemann Dr. Heinz Purper ihr Testament. Damals kauften sie ein gemeinsames Grab auf dem kleinen „Nymphenburger Friedhof" (auch „Maria-Ward-Friedhof" genannt) in München-Nymphenburg. Die Ordensschwester Maria Ward (1585–1645) war die Gründerin des „Instituts der Englischen Fräulein" und erwarb sich Verdienste um die christliche Erziehung weiblicher Jugendlicher. Wer auf dem „Nymphenburger Friedhof" seine letzte Ruhe finden will, muss mindestens 30 Jahre in Nymphenburg gewohnt haben. Dort sind verstorbene Nonnen des „Ordens der Englischen Fräulein" („Maria-Ward-Orden"), München-Nymphenburg, beerdigt. Auch den Grabstein ließen Ruth Leuwerik und Dr. Heinz Purper entwerfen. Er trägt die Inschrift: „Nach langer glücklicher Ehe endlich in Ewigkeit vereint".

In ihren letzten beiden Lebensjahren war die Gesundheit von Ruth Leuwerik bereits sehr angeschlagen. Sie hatte Schwindel und Ohnmachtsanfälle, stützte sich beim Gehen auf einen Stock und erlitt bei Stürzen Schulter-Arm- und Beinbrüche. Nach Aufenthalten im Krankenhaus kehrte sie immer wieder in ihr Haus mit parkähnlichem Garten in München-Nymphenburg zurück.

Zu ihrem 90. Geburtstag im Jahre 2014 plante die zurückgezogen lebende Ruth Leuwerik keine große Feier. „In dem hohen Alter ist es ein Wunder, dass ich noch da bin", erklärte sie zu ihrem Ehrentag.

Mehr als 30 Jahre lang wurden Ruth Leuwerik und ihr zuletzt bettlägeriger Ehemann von ihrer Haushälterin und Vertrauten Agnes K. liebevoll betreut. Für das Ehepaar war es ein großer Schock, als Agnes K. Ende 2015 wegen einer Hüftoperation und Wirbelsäulenschäden ihren Dienst quittieren musste.

Bei einem Telefongespräch mit der Journalistin Gudrun Gloth klagte Ruth Leuwerik, sie wisse gar nicht, wie sie ohne ihre Haushälterin und Vertraute Agnes K. zurechtkommen solle. Außerdem sagte sie, es sei eine Gnade, so alt zu werden. So lange man im Oberstübchen in

Ordnung sei und dann sogar noch einen Lebenspartner habe, müsse man einfach dankbar sein. Ihr Mann werde am 30. Mai schon 96 Jahre alt. Es gehe ihm momentan aber nicht so gut.

Im Januar 2016 erlitt Ruth Leuwerik einen schweren Schlaganfall und konnte nicht mehr sprechen. Deswegen brachte man sie ins Klinikum Großhadern. Am 12. Januar 2016 starb sie im Alter von 91 Jahren in München. Bei einer bewegenden Trauerfeier in der Stephanuskirche in München-Nymphenburg nahmen Verwandte, Freunde und Fans von Ruth Leuwerik Abschied. Ihr Sarg wurde von roten Anemonen, Ranunkeln und Margeriten geschmückt. Der CSU-Politiker Dr. Thomas Goppel würdigte in seiner Trauerrede die Lebensleistung von Ruth Leuwerik. Als Freund der Familie sprach der Kunsthistoriker Dr. Patrick Utermann. Er sagte, Ruth Leuwerik habe ihre übergroße Popularität staunend hingenommen und sich gar nicht so viele Gedanken darüber gemacht. Erst später sei ihr bewusst geworden, wie sehr die Begeisterung sie getragen habe, auf dem Weg weiterzugehen, der wunderschöne Stunden im Kino bescherte.

Kinofilme von Ruth Leuwerik

1950: Dreizehn unter einem Hut
1952: Vater braucht eine Frau
1952: Die große Versuchung
1953: Ein Herz spielt falsch
1953: Geliebtes Leben
1953: Muß man sich denn gleich scheiden lassen?
1953: Königliche Hoheit
1954: Bildnis einer Unbekannten
1954: Geliebte Feindin
1955: Ludwig II.
1955: Rosen im Herbst
1956: Die Goldene Brücke
1956: Die Trapp-Familie
1957: Königin Luise
1957: Auf Wiedersehen, Franziska!
1957: Immer wenn der Tag beginnt
1958: Die Trapp-Familie in Amerika
1958: Dorothea Angermann
1958: Taiga
1959: Die ideale Frau
1959: Ein Tag, der nie zu Ende geht
1960: Auf Engel schießt man nicht
1960: Liebling der Götter
1960: Eine Frau fürs ganze Leben

1961: Die Stunde, die du glücklich bist
1962: Die Rote
1963: Elf Jahre und ein Tag
1963: Ein Alibi zerbricht
1963: Das Haus in Montevideo
1971: Und Jimmy ging zum Regenbogen
1977: Unordnung und frühes Leid

Quelle: Wikipedia

Auftritte von Ruth Leuwerik im Fernsehen

1963: Hedda Gabler
1965: Ninotschka
1970: Das weite Land
1974: Der Kommissar – Der Segelbootmord
1976: Meine beste Freundin
1978: Derrick – Ein Hinterhalt
1979: Die Buddenbrooks (Mehrteiler)
1980: Kaninchen im Hut und andere Geschichten mit Martin Held
1983: Derrick – Der Täter schickte Blumen

Quelle: Wikipedia

Auszeichnungen für Ruth Leuwerik

1953: Bambi

1954: Filmband in Silber (beste Hauptdarstellerin) für Geliebtes Leben

1955: Preis für die erfolgreichste Produktion des Jahres 1955: Ludwig II

1956: Preis für die erfolgreichste Produktion des Jahres 1956: Die Trapp Familie

1956: Mitgliedschaft der Akademie der Darstellenden Künste Hamburg

1958: Golden Gate Award der Internationalen Filmfestspiele San Francisco für Taiga

1958: Preis des Bundes der Heimatvertriebenen für Taiga

1958: Bravo Otto in Gold und in Bronze

1959: Bravo Otto in Gold

1959–1962: Bambi

1960: Bravo Otto in Silber

1961: Blue Ribbon Award für Die Trapp Familie

1961/1962: Bravo Otto in Gold

1963: Bravo Otto in Silber

1974: Verdienstkreuz 1. Klasse des Verdienstordens der Bundesrepublik Deutschland

1978: Filmband in Gold für langjähriges und
hervorragendes Wirken im deutschen Film
1978: Bayerischer Verdienstorden
1980: Großes Verdienstkreuz der Bundesrepublik
Deutschland
1991: Bayerischer Filmpreis (Ehrenpreis)
2000: DIVA-Award
2004: Medaille München leuchtet in Gold
2010: Stern auf dem Boulevard der Stars in Berlin

Quelle: Wikipedia

Literatur

BELLI, Klaus: Ruth Leuwerik. Film-Porträts, Band 2, München und Köln 1957

FEMBIO Frauen-Biographie-Forschung
http://www.fembio.org

GLOTH, Gudrun: Tod einer Legende. Film-Diva Ruth Leuwerik mit 91 Jahren gestorben. BZ, Berlin, 12. Januar 2016, http://www.bz-berlin.de/kultur/film/film-diva-ruth-leuwerik-mit-91-jahren-verstorben

GRIEDER, Walter: Ruth Leuwerik. Große Karriere mit kleinen Hindernissen, Liestal und Wunsiedel 1962

HEINZLMEIER, Adolf / SCHULZ, Bernd / WITTE, Karsten: Die Unsterblichen des Kinos, Band 2, Glanz und Mythos der Stars der 40er und 50er Jahre, Frankfurt am Main 1980

INTERNET MOVIE DATABASE
(Film-Datenbank) http://www.imdb.com

MÄNZ, Peter / WARNECKE, Nils (Herausgeber): Die ideale Frau. Ruth Leuwerik und das Kino der fünfziger Jahre. Anläßlich der gleichnamigen Ausstellung im Filmmuseum Berlin, 29. April bis 15. August 2004, Berlin 2004

PROBST, Ernst: Superfrauen 7 – Film und Theater, Mainz-Kostheim 2001

PUBLIKUMSLIEBLINGE NICHT NUR VON GESTERN http://www.steffi-line.de
Internetseite von Stephanie D'heil, Düsseldorf
WIKIPEDIA (Online-Lexikon) http://wikipedia.org
WINNERT, Derek (Herausgeber): Die große Welt der Filme und Stars, Niedernhausen 1995
WITTER, Ben: Ich suchte eine Muschel. Ruth Leuwerik und die innere Emigration – Nicht mehr in den Schlagzeilen. Die Zeit, S. 70, 18. Mai 1973, Hamburg

Bildquellen

Reproduktion eines Fotos von Alexander Binder
(1888–1929) um 1920: 16

Ellgaards Familienarchiv/CC-BY-SA2.0 (Foto bei
Proben am Theater von Helmuth Ellgaard (1913–1980)
aus dem Jahre 1937): 20 (via Wikimedia Commons),
lizensiert unter CreativeCommons-Lizenz by-sa-2.0-de
http://creativecommons.org/licenses/by-sa/2.0/de/
legalcode

Bernhardt Kils / CC-BY-SA3.0: 8 0 (via Wikimedia
Commons), lizensiert unter CreativeCommons-Lizenz
by-sa-3.0-de, http://creativecommons.org/licenses/
by-sa/3.0/de/legalcode

Nationaal Archief, Den Haag, Rijksfotoarchief:
Fotocollectie Algemeen Nederlands Fotopersbureau
(ANEFO), 1945-1989, negatiefstroken zwart/wit,
nummer toegang 2.24.01.05, bestanddeeelnummer 910-
9501: 33 (via Wikimedia Commons), lizensiert unter
CreativeCommons-Lizenz by-sa-3.0-nl, http://creative
commons.org/licenses/by-sa/3.0/nl/legalcode

Marc Heiko Ulrich, Hassel (Weser), Kunstzeichner.de:
1

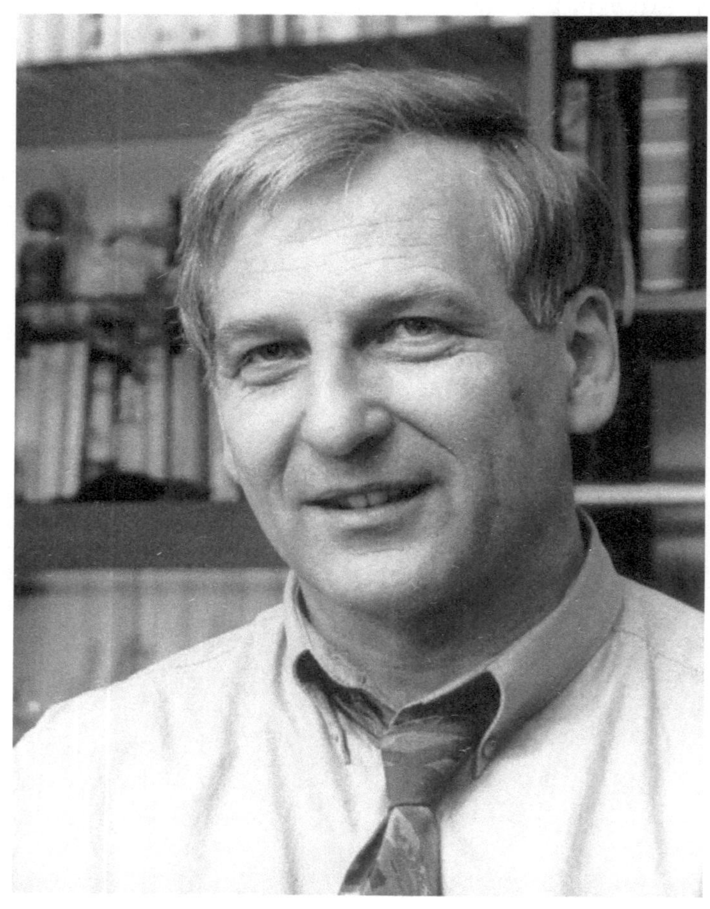

Autor Ernst Probst

Der Autor Ernst Probst

Ernst Probst, geboren am 20. Januar 1946 in Neunburg
vorm Wald im bayerischen Regierungsbezirk Oberpfalz,
ist Journalist und Wissenschaftsautor. Er arbeitete von
1968 bis 1971 als Redakteur bei den „Nürnberger Nachrichten", von 1971 bis 1973 in der Zentralredaktion des
„Ring Nordbayerischer Tageszeitungen" in Bayreuth
und von 1973 bis 2001 bei der „Allgemeinen Zeitung",
Mainz. In seiner Freizeit schrieb er Artikel für die
„Frankfurter Allgemeine Zeitung", „Süddeutsche Zeitung", „Die Welt", „Frankfurter Rundschau", „Neue
Zürcher Zeitung", „Tages-Anzeiger", Zürich, „Salzbur-
ger Nachrichten", „Die Zeit", „Rheinischer Merkur",
„Deutsches Allgemeines Sonntagsblatt", „bild der
wissenschaft", „kosmos", „Deutsche Presse-Agentur"
(dpa), „Associated Press" (AP) und den „Deutschen
Forschungsdienst" (df). Aus seiner Feder stammen die
Bücher „Deutschland in der Urzeit" (1986), „Deutsch-
land in der Steinzeit" (1991) und „Deutschland in der
Bronzezeit" (1996). Von 2001 bis 2006 betätigte sich
Ernst Probst als Buchverleger sowie zeitweise als
internationaler Fossilienhändler und Antiquitätenhänd-
ler. Insgesamt veröffentlichte er mehr als 300 Bücher,
Taschenbücher und Broschüren sowie über 300 E-
Books.

Bücher von Ernst Probst

(Auswahl)

Als Mainz noch nicht am Rhein lag

Annie Oakley
Die Meisterschützin des Wilden Westens

Archaeopteryx. Der Urvogel
aus Bayern

Christl-Marie Schultes. Die erste Fliegerin in Bayern
(zusammen mit Theo Lederer)

Cortés und Malinche. Der spanische Eroberer
und seine indianische Geliebte

Der Europäische Jaguar

Der Mosbacher Löwe
Die riesige Raubkatze aus Wiesbaden

Der Rhein-Elefant
Das Schreckenstier von Eppelsheim

Der Sögel-Wohlde-Kreis

Die nordische Bronzezeit in Deutschland

Die Hügelgräber-Kultur in Deutschland

Die ältere Bronzezeit in Nordrhein-Westfalen

Die Bronzezeit in der Lüneburger Heide

Die Stader Gruppe

Die Oldenburg-emsländische Gruppe

Die Urnenfelder-Kultur in Deutschland

Die ältere Niederrheinische Grabhügel-Kultur

Die Unstrut-Gruppe

Die Helmsdorfer Gruppe

Die Saalemündungs-Gruppe

Die Lausitzer Kultur in Deutschland

Die Dolchzahnkatze Megantereon

Die Dolchzahnkatze Smilodon

Die Säbelzahnkatze Homotherium

Die Säbelzahnkatze Machairodus

Die Schweiz in der Frühbronzezeit

Die Rhône-Kultur in der Westschweiz

Die Arbon-Kultur in der Schweiz

Die Schweiz in der Mittelbronzezeit

Die Schweiz in der Spätbronzezeit

Dinosaurier von A bis K. Von Abelisaurus
bis zu Kritosaurus

Dinosaurier von L bis Z. Von Labocania
bis zu Zupaysaurus

Eiszeitliche Geparde in Deutschland

Eiszeitliche Leoparden in Deutschland

Frauen im Weltall

Hildegard von Bingen. Die deutsche Prophetin

Höhlenlöwen. Raubkatzen
im Eiszeitalter

Julchen Blasius
Die Räuberbraut des Schinderhannes

Katharina II. die Große.
Die Deutsche auf dem Zarenthron

Johann Jakob Kaup
Der große Naturforscher aus Darmstadt

Königinnen der Lüfte in Deutschland

Königinnen der Lüfte in Europa

Königinnen der Lüfte in Amerika

Königinnen der Lüfte von A bis Z

Rund 70 Kurzbiografien berühmter Fliegerinnen,
Ballonfahrerinnen, Luftschifferinnen,
Fallschirmspringerinnen, Astronautinnen und
Kosmonautinnen

Königinnen des Films

Königinnen des Tanzes

Königinnen des Theaters

Malende Superfrauen

Meine Worte sind wie die Sterne

Die Entstehung der Rede des Häuptlings Seattle
(zusammen mit Sonja Probst)

Monstern auf der Spur
Wie die Sagen über Drachen, Riesen
und Einhörner entstanden

Neues vom Ur-Rhein
Interview mit dem Geologen und Paläontologen
Dr. Jens Sommer

Österreich in der Frühbronzezeit

Österreich in der Mittelbronzezeit

Österreich in der Spätbronzezeit

Pompadour und Dubarry. Die Mätressen
von Louis XV.

Raub-Dinosaurier von A bis Z.
Mit Zeichnungen von Dmitry Bogdanav
und Nobu Tamura

Rekorde der Urmenschen
Erfindungen, Kunst und Religion

Rekorde der Urzeit
Landschaften, Pflanzen und Tiere

Säbelzahnkatzen. Von Machairodus
bis zu Smilodon

Säbelzahntiger am Ur-Rhein. Machairodus
und Paramachairodus

Superfrauen aus dem Wilden Westen

Superfrauen 1 – Geschichte

Superfrauen 2 – Religion

Superfrauen 3 – Politik

Superfrauen 4 – Wirtschaft und Verkehr

Superfrauen 5 – Wissenschaft

Superfrauen 6 – Medizin

Superfrauen 7 – Film und Theater

Superfrauen 8 – Literatur

Superfrauen 9 – Malerei und Fotografie

Superfrauen 10 – Musik und Tanz

Superfrauen 11 – Feminismus und Familie

Superfrauen 12 – Sport

Superfrauen 13 – Mode und Kosmetik

Superfrauen 14 – Medien und Astrologie

Tony und Bruno Werntgen. Zwei Leben für die Luftfahrt
(zusammen mit Paul Wirtz)

Was ist ein Menhir?
Interview mit dem Mainzer Archäologen
Dr. Detert Zylmann

Weisheiten der Indianer

Wer ist der kleinste Dinosaurier?
Interviews mit dem Wissenschaftsautor Ernst Probst

Wer war der Stammvater der Insekten?
Interview mit dem Stuttgarter Biologen
und Paläontologen Dr. Günther Bechly

Zenobia von Palmyra.
Eine Frau kämpft gegen die Römer

Bestellungen bei: http://www.grin.com